CONTEÚDO DIGITAL PARA ALUNOS

Cadastre-se e transforme seus estudos em uma experiência única de aprendizado:

1 Escaneie o QR Code para acessar a página de cadastro.

2 Complete-a com seus dados pessoais e as informações de sua escola.

3 Adicione ao cadastro o código do aluno, que garante a exclusividade de acesso.

4951840A3391598

Agora, acesse:
www.editoradobrasil.com.br/leb
e aprenda de forma inovadora
e diferente! :D

Lembre-se de que esse código, pessoal e intransferível, é válido por um ano. Guarde-o com cuidado, pois é a única maneira de você utilizar os conteúdos da plataforma.

Editora do Brasil

CONHECER E TRANSFORMAR

[PROJETOS Integradores]

1

COMPONENTES CURRICULARES: ARTE, CIÊNCIAS, GEOGRAFIA, HISTÓRIA, LÍNGUA PORTUGUESA E MATEMÁTICA.

ORGANIZADORA: EDITORA DO BRASIL

EDITORA RESPONSÁVEL: DANIELLA BARROSO
- MESTRE EM GEOGRAFIA
- DOCENTE EM ESCOLAS PÚBLICAS
- EDITORA DE MATERIAIS DIDÁTICOS

1ª EDIÇÃO
SÃO PAULO, 2019

Dados Internacionais de Catalogação na Publicação (CIP)
(Câmara Brasileira do Livro, SP, Brasil)

Conhecer e transformar: [projetos integradores] 1 / organizadora Editora do Brasil, editora responsável Daniella Barroso. – 1. ed. – São Paulo: Editora do Brasil, 2019. – (Conhecer e transformar)

Componentes curriculares: Arte, ciências, geografia, história, língua portuguesa e matemática.
ISBN 978-85-10-07572-5 (aluno)
ISBN 978-85-10-07573-2 (professor)

1. Arte (Ensino fundamental) 2. Ciências (Ensino fundamental) 3. Geografia (Ensino fundamental) 4. Língua portuguesa (Ensino fundamental) 5. Matemática (Ensino fundamental) I. Editora do Brasil. II. Barroso, Daniella. III. Série.

19-28249   CDD-372.19

Elaboração de conteúdo

Carolina Lamas
Bacharel e licenciada em Ciências Biológicas pela Universidade Federal do Paraná e pós-graduada em Análise Ambiental pela mesma universidade. Escreve e edita livros didáticos da Educação Básica.

Lígia Carvalho
Professora da rede municipal de São Paulo. Possui formação em Artes Visuais e especialização em Mídias na Educação.

Índices para catálogo sistemático:
1. Ensino integrado: Livros-texto : Ensino fundamental 372.19
Iolanda Rodrigues Biode - Bibliotecária - CRB-8/10014

© Editora do Brasil S.A., 2019
Todos os direitos reservados

Direção-geral: Vicente Tortamano Avanso

Direção editorial: Felipe Ramos Poletti
Gerência editorial: Erika Caldin
Supervisão de arte e editoração: Cida Alves
Supervisão de revisão: Dora Helena Feres
Supervisão de iconografia: Léo Burgos
Supervisão de digital: Ethel Shuña Queiroz
Supervisão de controle de processos editoriais: Roseli Said
Supervisão de direitos autorais: Marilisa Bertolone Mendes

Supervisão editorial: Priscilla Cerencio
Edição: Agueda del Pozo
Assistência editorial: Felipe Adão e Ivi Paula Costa da Silva
Copidesque: Gisélia Costa, Ricardo Liberal e Sylmara Beletti
Revisão: Elaine Silva, Flávia Gonçalves, Gabriel Ornellas e Martin Gonçalves
Pesquisa iconográfica: Erika Freitas e Priscila Ferraz
Assistência de arte: Lívia Danielli
Design gráfico: Andrea Melo
Capa: Andrea Melo
Imagens de capa: Tiwat K/Shutterstock.com, nubenamo/Shutterstock.com e balabolka/Shutterstock.com
Ilustrações: Hélio Senatore, Vanessa Alexandre e Carlos Jorge
Produção cartográfica: DAE (Departamento de Arte e Editoração), Sonia Vaz
Coordenação de editoração eletrônica: Abdonildo José de Lima Santos
Editoração eletrônica: JS Design
Licenciamentos de textos: Cinthya Utiyama, Jennifer Xavier, Paula Harue Tozaki e Renata Garbellini
Controle de processos editoriais: Bruna Alves, Carlos Nunes, Rafael Machado e Stephanie Paparella

1ª edição / 1ª impressão, 2019
Impresso na Meltingcolor Gráfica e Editora Ltda.

Rua Conselheiro Nébias, 887
São Paulo, SP – CEP 01203-001
Fone: +55 11 3226-0211
www.editoradobrasil.com.br

OLÁ, VOCÊ!

ESTE LIVRO É UM POUQUINHO DIFERENTE DOS OUTROS LIVROS ESCOLARES: ELE TEM UM MONTE DE PERGUNTAS E ALGUMAS SUGESTÕES SOBRE COMO DESCOBRIR AS RESPOSTAS.

HÁ RESPOSTAS QUE JÁ FORAM ENCONTRADAS POR OUTRAS PESSOAS, AFINAL ESTAMOS NO MUNDO HÁ MILHARES DE ANOS ELABORANDO PERGUNTAS E RESPOSTAS SOBRE TUDO! MAS HÁ ALGUMAS QUE AINDA ESTÃO À ESPERA DE ALGUÉM QUE AS DESCUBRA.

NESTE LIVRO, VOCÊ ENCONTRARÁ JOGOS, BRINCADEIRAS, DESAFIOS E EXPERIMENTOS QUE VÃO ESTIMULÁ-LO A SER UM DESCOBRIDOR DE COISAS E TRANSFORMÁ-LO EM UM EXPLORADOR!

FORMULAMOS CADA PROJETO ACREDITANDO QUE TODA CRIANÇA É UM MUNDO DE POSSIBILIDADES E TALENTOS. POR ISSO, VOCÊ PODE SE IDENTIFICAR MUITO COM UM EXPERIMENTO E NÃO ACHAR LEGAL UM JOGO. ISSO É NATURAL, AFINAL SOMOS DIFERENTES E TEMOS INTERESSES DIVERSOS. SE VOCÊ PERCEBER QUE ALGUM COLEGA ESTÁ DESCONFORTÁVEL, ENFRENTANDO DIFICULDADES, PROPONHA A ELE UMA PARCERIA E, JUNTOS, FAÇAM DESCOBERTAS. O QUE PODE SER MAIS FASCINANTE DO QUE PASSAR O ANO ESCOLAR TENTANDO DECIFRAR MISTÉRIOS COM OS COLEGAS?

TORCEMOS MUITO PARA QUE VOCÊ SE DIVIRTA DE MONTÃO!

OS AUTORES

CONHEÇA SEU LIVRO

DE OLHO NO TEMA
AQUI VOCÊ FICA SABENDO QUAL É O TEMA TRABALHADO NO PROJETO E A IMPORTÂNCIA DELE EM NOSSA VIDA.

DIRETO AO PONTO
ESSA É A QUESTÃO NORTEADORA DO PROJETO, QUE O GUIARÁ A NOVAS DESCOBERTAS A RESPEITO DO ASSUNTO TRABALHADO.

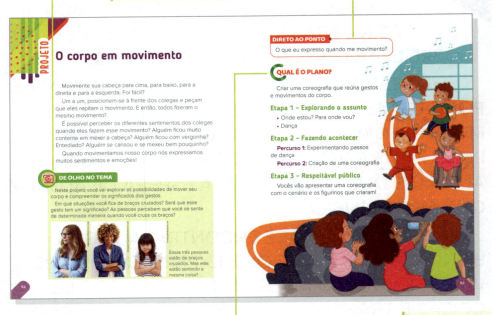

QUAL É O PLANO?
INDICAÇÕES DE QUAL SERÁ O PRODUTO FINAL E AS ETAPAS PRINCIPAIS DO PROJETO, DO INÍCIO ATÉ A CONCLUSÃO.

VAMOS APROFUNDAR
ATIVIDADES PARA VOCÊ CHECAR OS PRINCIPAIS CONCEITOS ESTUDADOS POR MEIO DE QUESTÕES QUE REQUEREM LEITURA, INTERPRETAÇÃO E REFLEXÃO.

VAMOS AGIR
SEÇÃO COM ATIVIDADES PRÁTICAS: EXPERIMENTOS, CRIAÇÃO DE MODELO, PESQUISA, ENTREVISTAS ETC.

ETAPA 1 — EXPLORANDO O ASSUNTO

TODO LUGAR É BOM PARA BRINCAR?

VOCÊ JÁ QUEBROU ALGO PORQUE ESTAVA BRINCANDO EM UM LUGAR QUE NÃO DEVIA?

QUAIS SÃO AS BRINCADEIRAS QUE PRECISAM DE UM LUGAR ABERTO PARA ACONTECER?

VOCÊ CONHECE ALGUMA BRINCADEIRA QUE DEVE ACONTECER EM UM LOCAL SILENCIOSO?

VAMOS AGIR

QUE TAL CONSTRUIR UM BRINQUEDO?

MATERIAL:
- 27 PALITOS DE BAMBU SEM PONTA;
- MASSINHA DE MODELAR.

COMO FAZER
1. PEÇA A UM ADULTO QUE CORTE 17 PALITOS AO MEIO.
2. CONTE OS PALITOS E VEJA SE VOCÊ TEM 34 PALITOS PEQUENOS E 10 PALITOS GRANDES.
3. FAÇA BOLINHAS DE MASSINHA DE MODELAR PARA PRENDER OS PALITOS.

4. USE A CRIATIVIDADE PARA MONTAR ESTRUTURAS COM OS PALITOS E AS BOLINHAS DE MASSINHA DE MODELAR. SEGUEM ALGUNS EXEMPLOS PARA VOCÊ SE INSPIRAR.

5. RECORTE OS ANIMAIS NO FINAL DO LIVRO (PÁGINA 67). O DESAFIO É PRENDÊ-LOS EM MUITAS POSIÇÕES NA ESTRUTURA.

[ESTÁ PRONTO O BRINQUEDO!]

FONTE: REVISTA CATÁLOGO DA EXPOSIÇÃO YOYO: TUDO QUE VAI, VOLTA. YOYO, 12 MAIO 2018. DISPONÍVEL EM: http://yoyozine.com.br/index.php/revista/yoyo-edicao-especial-para-exposicao/. ACESSO EM: 1º MAIO 2019.

REFLITA E REGISTRE

1. VOCÊ PODE BRINCAR COM ESSE BRINQUEDO:

A) NA SALA DE AULA? ☐ SIM ☐ NÃO
B) NO PÁTIO DA ESCOLA? ☐ SIM ☐ NÃO
C) NA SALA DE CASA? ☐ SIM ☐ NÃO
D) NO QUINTAL? ☐ SIM ☐ NÃO

2. POR QUÊ?

REFLITA E REGISTRE
É NESSE MOMENTO QUE VOCÊ DESCOBRIRÁ ALGUMAS DAS CONCLUSÕES APÓS OS EXPERIMENTOS E SUAS OBSERVAÇÕES.

ETAPA 3 — RESPEITÁVEL PÚBLICO

MOSTRE E CONTE!

CADA GRUPO DEVE MOSTRAR SUA MAQUETE AOS COLEGAS E EXPLICAR COMO IMAGINAM QUE SERÁ A SALA DE AULA DO FUTURO.

EXPOSIÇÃO

A TURMA DEVE EXPOR TODAS AS CRIAÇÕES EM UMA ÁREA COLETIVA DA ESCOLA. ELABOREM CARTAZES EXPLICANDO O TEMA DA EXPOSIÇÃO E FAÇAM PEQUENAS PLACAS COM O NOME DOS OBJETOS INVENTADOS EM CADA MAQUETE.

E DEPOIS?

AO FINAL DA EXPOSIÇÃO, DESMONTE TUDO E GUARDE OS MATERIAIS QUE PUDEREM SER REUTILIZADOS.

SEPARE O QUE PODE SER RECICLADO E DESCARTE NO LOCAL CORRETO!

BALANÇO FINAL

NESTE PROJETO, VOCÊ PENSOU EM UM OBJETO QUE AINDA NÃO EXISTE E QUE PODE FAZER PARTE DAS SALAS DE AULA DO FUTURO.

AGORA, TENTE IMAGINAR O QUE NÃO VAI SE MODIFICAR NA SALA DE AULA DAQUI A 100 ANOS. DESENHE O QUE VOCÊ PENSOU NO ESPAÇO AO LADO.

AUTOAVALIAÇÃO

PREENCHA O QUADRO A SEGUIR COM O QUE VOCÊ APRENDEU NESTE PROJETO. DEPOIS, COMPARTILHE SUAS IMPRESSÕES COM OS COLEGAS E O PROFESSOR: O QUE FOI FÁCIL E O QUE REPRESENTOU UM GRANDE DESAFIO PARA VOCÊ?

EU APRENDI A...	😊	😐	😞
...ORGANIZAR OBJETOS POR TAMANHO E PESO.			
...USAR MATERIAIS QUE SERIAM DESCARTADOS PARA FAZER NOVOS OBJETOS.			
...CONSTRUIR UMA CANETA COMO AS USADAS NO PASSADO.			
...REFLETIR SOBRE O FUTURO DA SALA DE AULA.			

SIM 😊   UM POUCO 😐   NÃO 😞

BALANÇO FINAL
ESSA É A ETAPA EM QUE VOCÊ AVALIARÁ SEU DESEMPENHO E O DE TODA A TURMA NA EXECUÇÃO DO PROJETO.

AUTOAVALIAÇÃO
ESSA É UMA FICHA PARA VERIFICAR AS APRENDIZAGENS QUE VOCÊ ADQUIRIU DURANTE O PROJETO.

SUMÁRIO

UMA COLEÇÃO DE BRINCADEIRAS 8

QUAL É O PLANO? 9

ETAPA 1
EXPLORANDO O ASSUNTO..... 10
TODO LUGAR É BOM PARA BRINCAR? ...10
COMO ORGANIZAR UMA COLEÇÃO...... 14

ETAPA 2
FAZENDO ACONTECER............. 18
PERCURSO 1
PESQUISA DE BRINCADEIRAS E JOGOS...18
PERCURSO 2
MONTAGEM DO FICHÁRIO................... 20

ETAPA 3
RESPEITÁVEL PÚBLICO 22
BALANÇO FINAL.. 23
AUTOAVALIAÇÃO 23

INVENTANDO NOVOS OBJETOS 24

QUAL É O PLANO?........................25

ETAPA 1
EXPLORANDO O ASSUNTO ... 26
OS OBJETOS SÃO DIFERENTES 26
COISAS, COISAS E MAIS COISAS 28
COMO SERÁ NO FUTURO? 32

ETAPA 2
FAZENDO ACONTECER.......... 34
PERCURSO 1
PLANEJAMENTO DOS OBJETOS......... 34
PERCURSO 2
A CONFECÇÃO DOS OBJETOS 34

ETAPA 3
RESPEITÁVEL PÚBLICO 36
BALANÇO FINAL 37
AUTOAVALIAÇÃO 37

O TEMPO PASSA 38
QUAL É O PLANO?........................39
ETAPA 1
EXPLORANDO O ASSUNTO ...40
O QUE MUDA AO LONGO DO ANO.......40
UM DIA APÓS O OUTRO..........................43
ETAPA 2
FAZENDO ACONTECER 45
PERCURSO 1
PRODUÇÃO DAS PARTES DO PAINEL..46
PERCURSO 2
MONTAGEM DO PAINEL 49
ETAPA 3
RESPEITÁVEL PÚBLICO............50
BALANÇO FINAL.......................................51
AUTOAVALIAÇÃO......................................51

O CORPO EM MOVIMENTO..52
QUAL É O PLANO?........................53
ETAPA 1
EXPLORANDO O ASSUNTO ...54
ONDE ESTOU? PARA ONDE VOU?.........54
DANÇA..58
ETAPA 2
FAZENDO ACONTECER 60
PERCURSO 1
EXPERIMENTANDO PASSOS
DE DANÇA...60
PERCURSO 2
CRIAÇÃO DE UMA COREOGRAFIA 62
ETAPA 3
RESPEITÁVEL PÚBLICO............64
BALANÇO FINAL.......................................65
AUTOAVALIAÇÃO......................................65

ENCARTES.......................................67

PROJETO
UMA COLEÇÃO DE BRINCADEIRAS

EXISTE COISA MAIS FÁCIL DO QUE BRINCAR? TODO MUNDO CONHECE ALGUMA BRINCADEIRA. ALGUMAS PESSOAS CONHECEM MUITAS BRINCADEIRAS!

QUANTAS BRINCADEIRAS VOCÊ CONHECE?

E SE SOMARMOS TODAS AS BRINCADEIRAS QUE VOCÊ E OS COLEGAS CONHECEM? SÃO MUITAS?

DE OLHO NO TEMA

BRINCADEIRAS SÃO DIVERTIDAS E AJUDAM AS PESSOAS A SE CONHECER MELHOR.

NESTE PROJETO VOCÊS VÃO CONHECER MELHOR OS COLEGAS, DESCOBRIR DO QUE ELES GOSTAM DE BRINCAR E FAZER UMA COLEÇÃO DE BRINCADEIRAS!

VOCÊ CONHECE AS BRINCADEIRAS REPRESENTADAS NA PINTURA?

RICARDO FERRARI. *MEMÓRIAS DE INFÂNCIA: AS TRÊS CASAS*, 2016. ÓLEO SOBRE TELA, 112 CM × 75 CM.

TEM BRINCADEIRA CERTA PARA CADA LUGAR?

QUAL É O PLANO?

CRIAR UM FICHÁRIO DE BRINCADEIRAS!

ETAPA 1 – EXPLORANDO O ASSUNTO
- TODO LUGAR É BOM PARA BRINCAR?
- COMO ORGANIZAR UMA COLEÇÃO

ETAPA 2 – FAZENDO ACONTECER

PERCURSO 1: PESQUISA DE BRINCADEIRAS E JOGOS

PERCURSO 2: MONTAGEM DO FICHÁRIO

ETAPA 3 – RESPEITÁVEL PÚBLICO

VAMOS CRIAR CARTAZES PARA ENSINAR BRINCADEIRAS E JOGOS AOS COLEGAS!

ETAPA 1 — EXPLORANDO O ASSUNTO

TODO LUGAR É BOM PARA BRINCAR?

VOCÊ JÁ QUEBROU ALGO PORQUE ESTAVA BRINCANDO EM UM LUGAR QUE NÃO DEVIA?

QUAIS SÃO AS BRINCADEIRAS QUE PRECISAM DE UM LUGAR ABERTO PARA ACONTECER?

VOCÊ CONHECE ALGUMA BRINCADEIRA QUE DEVE ACONTECER EM UM LOCAL SILENCIOSO?

QUE TAL CONSTRUIR UM BRINQUEDO?

MATERIAL:
- 27 PALITOS DE BAMBU SEM PONTA;
- MASSINHA DE MODELAR.

COMO FAZER

1. PEÇA A UM ADULTO QUE CORTE 17 PALITOS AO MEIO.
2. CONTE OS PALITOS E VEJA SE VOCÊ TEM 34 PALITOS PEQUENOS E 10 PALITOS GRANDES.
3. FAÇA BOLINHAS DE MASSINHA DE MODELAR PARA PRENDER OS PALITOS.

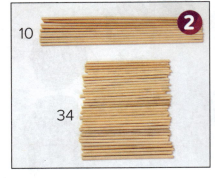

FOTOGRAFIAS: SÉRGIO DOTTA

4. USE A CRIATIVIDADE PARA MONTAR ESTRUTURAS COM OS PALITOS E AS BOLINHAS DE MASSINHA DE MODELAR. SEGUEM ALGUNS EXEMPLOS PARA VOCÊ SE INSPIRAR.

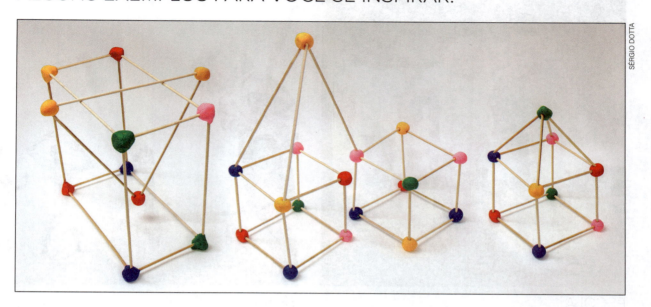

5. RECORTE OS ANIMAIS NO FINAL DO LIVRO (PÁGINAS 67 E 68). O DESAFIO É PRENDÊ-LOS EM MUITAS POSIÇÕES NA ESTRUTURA.

ESTÁ PRONTO O BRINQUEDO!

FONTE: REVISTA CATÁLOGO DA EXPOSIÇÃO YOYO: TUDO QUE VAI, VOLTA. YOYO, 12 MAIO 2018. DISPONÍVEL EM: http://yoyozine.com.br/index.php/revista/yoyo-edicao-especial-para-exposicao/. ACESSO EM: 1º MAIO 2019.

REFLITA E REGISTRE

1. VOCÊ PODE BRINCAR COM ESSE BRINQUEDO:

A) NA SALA DE AULA?
☐ SIM   ☐ NÃO

B) NO PÁTIO DA ESCOLA?
☐ SIM   ☐ NÃO

C) NA SALA DE CASA?
☐ SIM   ☐ NÃO

D) NO QUINTAL?
☐ SIM   ☐ NÃO

2. POR QUÊ?

LUGARES PARA BRINCAR

ESCOLA.

PRAIA.

1. DESENHE NOS ESPAÇOS A SEGUIR BRINCADEIRAS E JOGOS ADEQUADOS A CADA UM DOS LOCAIS.

CASA.

PARQUE.

CALÇADA.

COMO ORGANIZAR UMA COLEÇÃO

VOCÊ TEM UMA COLEÇÃO? SE SIM, COMO ELA ESTÁ ORGANIZADA?

A ORGANIZAÇÃO DE UMA COLEÇÃO PERMITE ENCONTRAR RAPIDAMENTE UM ITEM DELA.

VOCÊ ACHA ESSA COLEÇÃO ORGANIZADA?

VAMOS ORGANIZAR AS BRINCADEIRAS INDICADAS NA ATIVIDADE ANTERIOR DE DUAS MANEIRAS DIFERENTES?

PELO NOME

EM GRUPO

1. ORGANIZEM AS BRINCADEIRAS E JOGOS DO GRUPO PELA PRIMEIRA LETRA DO NOME DELAS.

2. ESCOLHAM TRÊS BRINCADEIRAS QUE COMECEM COM A MESMA LETRA E DESENHEM NO ESPAÇO ABAIXO. INDIQUEM NO QUADRADINHO A LETRA ESCOLHIDA.

LETRA

- AGORA, NUMEREM AS BRINCADEIRAS. VOCÊS DEVEM COLOCAR O NÚMERO BEM PERTO DO DESENHO.

3. QUAL É O NÚMERO DA SUA BRINCADEIRA PREFERIDA?

PELO LUGAR

4. AGORA, VOCÊS VÃO SEPARAR AS BRINCADEIRAS E OS JOGOS DE ACORDO COM O LOCAL EM QUE SÃO REALIZADAS: EM CASA, NO PARQUE OU NA RUA.

5. NUMERE AS BRINCADEIRAS E JOGOS DE ACORDO COM O LOCAL. A PRIMEIRA BRINCADEIRA REALIZADA DENTRO DE CASA INICIA POR 1. A PRIMEIRA BRINCADEIRA REALIZADA NO PARQUE TAMBÉM INICIA POR 1. E, CLARO, VALE O MESMO PARA A PRIMEIRA BRINCADEIRA REALIZADA NA RUA: INICIA POR 1.

6. CIRCULE O DESENHO DE SUA BRINCADEIRA PREFERIDA.

A) ESCREVA O NÚMERO DELA:

B) HÁ OUTRA BRINCADEIRA COM O MESMO NÚMERO? E SE VOCÊ INDICASSE TAMBÉM UMA DAS LETRAS: **C** (DE CASA), **P** (DE PARQUE) OU **R** (DE RUA)? IDENTIFIQUE SUA BRINCADEIRA PREFERIDA INDICANDO A LETRA E O NÚMERO CORRESPONDENTE:

ORIENTAÇÕES GERAIS

NOSSA PROPOSTA É QUE VOCÊS CRIEM UM FICHÁRIO DE BRINCADEIRAS PARA BRINCAR AO AR LIVRE E EM LOCAIS FECHADOS.

> OS FICHÁRIOS SÃO PASTAS QUE AJUDAM A ORGANIZAR FICHAS E OUTROS DOCUMENTOS!

PERCURSO 1

PESQUISA DE BRINCADEIRAS E JOGOS

META: ELABORAR FICHAS COM BRINCADEIRAS E JOGOS.

EM DUPLA

1. PESQUISEM BRINCADEIRAS E JOGOS APROPRIADOS A ESPAÇOS AO AR LIVRE E A ESPAÇOS FECHADOS (BRINCADEIRAS DE SALÃO).

2. INDIQUEM NO QUADRO DUAS BRINCADEIRAS DE CADA TIPO.

BRINCADEIRAS AO AR LIVRE	BRINCADEIRAS DE SALÃO

3. RECORTEM AS FICHAS NO FINAL DO LIVRO (PÁGINA 69). ELAS SERVEM DE MODELO PARA VOCÊS CRIAREM, EM UMA CARTOLINA OU PAPEL-CARTÃO, OUTRAS FICHAS NA COR VERDE E NA COR LARANJA.

> AS FICHAS VERDES SÃO PARA AS ATIVIDADES AO AR LIVRE.
> AS FICHAS DE COR LARANJA SÃO PARA AS BRINCADEIRAS DE SALÃO.

4. PREENCHAM AS FICHAS INDICANDO O NOME DA BRINCADEIRA E FAÇAM UM DESENHO OU COLEM UMA FOTOGRAFIA PARA MOSTRAR COMO ELA É.

EM GRUPO

5. MOSTREM AS FICHAS QUE VOCÊS FIZERAM PARA OS COLEGAS.

6. REÚNAM AS FICHAS DE TODA A TURMA DE ACORDO COM A COR. DEPOIS, COLOQUEM-NAS EM ORDEM ALFABÉTICA, MANTENDO A SEPARAÇÃO PELA COR.

7. ESCOLHAM UMA OU DUAS LETRAS PARA IDENTIFICAR CADA CONJUNTO DE COR. EM SEGUIDA, NUMEREM AS FICHAS INICIANDO POR 1. NO ALTO DA FICHA, INDIQUEM O CÓDIGO DA BRINCADEIRA USANDO LETRA(S) E NÚMERO. VEJAM O EXEMPLO:

PERCURSO 2

MONTAGEM DO FICHÁRIO

REPRODUZIR AS FICHAS E ELABORAR O FICHÁRIO.

VAMOS MONTAR UM FICHÁRIO PARA CADA ALUNO!

REPRODUZIR AS FICHAS

1. VOCÊ QUER UM FICHÁRIO COMPLETO? PARA ISSO, FAÇA CÓPIA DAS FICHAS DE TODOS OS COLEGAS E COLE-AS NAS CARTOLINAS, EXATAMENTE COMO VOCÊ FEZ NO PERCURSO 1, EM DUPLA.

MONTAR O FICHÁRIO

2. AGORA É A VEZ DE CADA ALUNO MONTAR O PRÓPRIO FICHÁRIO.

MATERIAL:

- RÉGUA;
- COLA;
- PAPELÃO;
- TESOURA SEM PONTA;
- ENVELOPES DO TAMANHO DO LIVRO;
- PEDAÇOS DE FITA E PAPÉIS COLORIDOS (PARA DECORAR).

COMO FAZER

1. RECORTE O PAPELÃO NO TAMANHO INDICADO PELO PROFESSOR E DOBRE-O AO MEIO.

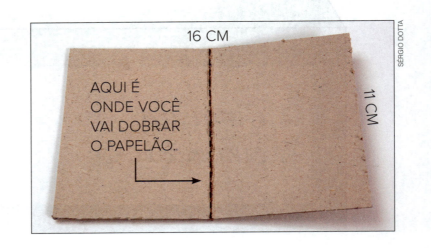

2. COLE A FITA NA PONTA DO PAPELÃO (NA PARTE INTERNA).

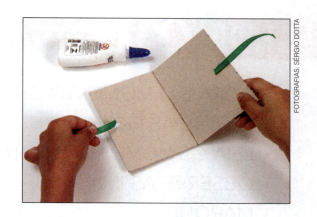

3. USE O PAPELÃO COMO MOLDE PARA CORTAR DOIS PEDAÇOS DE PAPEL COLORIDO. COLE OS PAPÉIS NOS DOIS LADOS DO PAPELÃO PARA COBRI-LOS POR DENTRO E POR FORA.

4. AGORA VAMOS MONTAR OS ENVELOPES DO FICHÁRIO. COLE UM ENVELOPE NO OUTRO.

USE COLA APENAS NA PARTE DO MEIO DO ENVELOPE.

5. AGORA COLE OS ENVELOPES NA CAPA DE PAPELÃO.

ESTÁ PRONTO SEU FICHÁRIO! CADA ENVELOPE SERVE PARA GUARDAR AS FICHAS DE UMA COR.

ETAPA 3 — RESPEITÁVEL PÚBLICO

AGORA É O MOMENTO DE USAR O FICHÁRIO!
EXPLORE AS FICHAS:

- LEIA OS NOMES DAS BRINCADEIRAS;
- OBSERVE AS IMAGENS;
- MARQUE AS FICHAS QUE MAIS CHAMARAM SUA ATENÇÃO.

APRESENTE AOS COLEGAS AS BRINCADEIRAS QUE MAIS CHAMARAM SUA ATENÇÃO. ESCOLHAM JUNTOS ALGUMAS DELAS PARA DIVULGAR NA ESCOLA. PARA ISSO:

1. BRINQUEM JUNTOS TODAS AS BRINCADEIRAS E JOGOS SELECIONADOS PELA TURMA. É IMPORTANTE SABER EXATAMENTE COMO CADA UMA ACONTECE.

2. REGISTREM COM FOTOGRAFIAS O PASSO A PASSO DA BRINCADEIRA OU DO JOGO.

O QUE OUTRA CRIANÇA PRECISA SABER PARA BRINCAR TAMBÉM?

3. IMPRIMAM AS IMAGENS EM TAMANHO GRANDE. MONTEM UM CARTAZ COM O NOME DA BRINCADEIRA E A SEQUÊNCIA DE FOTOGRAFIAS QUE MOSTRA COMO BRINCAR.

4. ESPALHEM OS CARTAZES PELO PÁTIO DA ESCOLA.

VOCÊ ENCONTROU ALGUMA BRINCADEIRA EM SEU FICHÁRIO QUE ESTÁ, EM SUA OPINIÃO, COM A COR ERRADA?

SE SIM, IDENTIFIQUE ESSAS FICHAS E EXPLIQUE AOS COLEGAS POR QUE VOCÊ ACREDITA QUE ELAS ESTÃO CLASSIFICADAS DE FORMA ERRADA.

CONVERSE COM ELES SOBRE AS CARACTERÍSTICAS DAS BRINCADEIRAS AO AR LIVRE E DAS BRINCADEIRAS DE SALÃO. QUAIS SÃO AS REGRAS DAS BRINCADEIRAS EM CADA UM DESSES LOCAIS?

O QUE FOI FÁCIL E O QUE REPRESENTOU UM GRANDE DESAFIO PARA VOCÊ?

PREENCHA O QUADRO A SEGUIR COM ESSAS INFORMAÇÕES E COMPARTILHE COM OS COLEGAS E COM O PROFESSOR.

EU APRENDI A...	😊	😐	😣
...INDICAR BRINCADEIRAS ADEQUADAS A UM LOCAL ESPECÍFICO.			
...ORGANIZAR UMA COLEÇÃO USANDO LETRAS E NÚMEROS.			
...MONTAR UM FICHÁRIO DE BRINCADEIRAS.			
...EXPLICAR AS REGRAS DE UMA BRINCADEIRA USANDO APENAS IMAGENS.			

PROJETO
INVENTANDO NOVOS OBJETOS

JÁ IMAGINOU SE VOCÊ TIVESSE UM OBJETO QUE LHE AJUDASSE A FAZER ALGO DIFÍCIL?

QUALQUER PESSOA PODE TER UMA BOA IDEIA E INVENTAR UM NOVO OBJETO. É POR ISSO QUE USAMOS DIFERENTES OBJETOS QUE FAZEM A MESMA COISA.

ESSES DOIS OBJETOS TÊM A MESMA FUNÇÃO: PENTEAR O CABELO. QUAL VOCÊ PREFERE?

 DE OLHO NO TEMA

DIVERSAS TAREFAS DE NOSSO COTIDIANO SÃO MAIS SIMPLES COM O USO DE UM OBJETO.

O ESCORREDOR DE ARROZ, POR EXEMPLO, FOI INVENTADO PELA BRASILEIRA THEREZINHA BEATRIZ ZOROWICH, QUE TEVE A IDEIA DE CRIAR UM OBJETO PARA LAVAR O ARROZ SEM ENCHER O RALO DA PIA DE GRÃOS. ELA JUNTOU DUAS BACIAS E FEZ MUITOS FURINHOS BEM PEQUENOS EM UMA DELAS PARA A ÁGUA PASSAR SEM LEVAR OS GRÃOS.

NESTE PROJETO, VOCÊ VAI PODER CRIAR NOVOS OBJETOS USANDO MATERIAIS QUE SERIAM DESCARTADOS!

BEATRIZ E SUA GRANDE IDEIA!

> **DIRETO AO PONTO**
>
> VOCÊ TEM ALGUMA IDEIA PARA CRIAR UM NOVO OBJETO PARA A SALA DE AULA?

QUAL É O PLANO?

IMAGINAR E CRIAR MODELOS DE OBJETOS PARA AS SALAS DE AULA DO FUTURO.

ETAPA 1 – EXPLORANDO O ASSUNTO

- OS OBJETOS SÃO DIFERENTES
- COISAS, COISAS E MAIS COISAS
- COMO SERÁ NO FUTURO?

ETAPA 2 – FAZENDO ACONTECER

PERCURSO 1: PLANEJAMENTO DOS OBJETOS

PERCURSO 2: A CONFECÇÃO DOS OBJETOS

ETAPA 3 – RESPEITÁVEL PÚBLICO

VAMOS ORGANIZAR UMA EXPOSIÇÃO COM OS MODELOS CONSTRUÍDOS PELA TURMA!

ETAPA 1 — EXPLORANDO O ASSUNTO

OS OBJETOS SÃO DIFERENTES

VAMOS AGIR

1. PEGUE TRÊS OBJETOS DIFERENTES QUE VOCÊ COSTUMA USAR DIARIAMENTE E COLOQUE-OS SOBRE A CARTEIRA.

   A) ORGANIZE-OS DO MENOR PARA O MAIOR. DESENHE-OS NO ESPAÇO A SEGUIR.

   B) REORGANIZE OS OBJETOS, AGORA DO MAIS LEVE PARA O MAIS PESADO. DESENHE-OS NO ESPAÇO A SEGUIR.

REFLITA E REGISTRE

1. RESPONDA:

   A) O OBJETO MENOR É O MAIS LEVE? ☐ SIM ☐ NÃO

   B) O OBJETO MAIOR É O MAIS PESADO? ☐ SIM ☐ NÃO

2. EXPLIQUE AOS COLEGAS SUAS RESPOSTAS.

2. OBSERVE ESTA TESOURA.

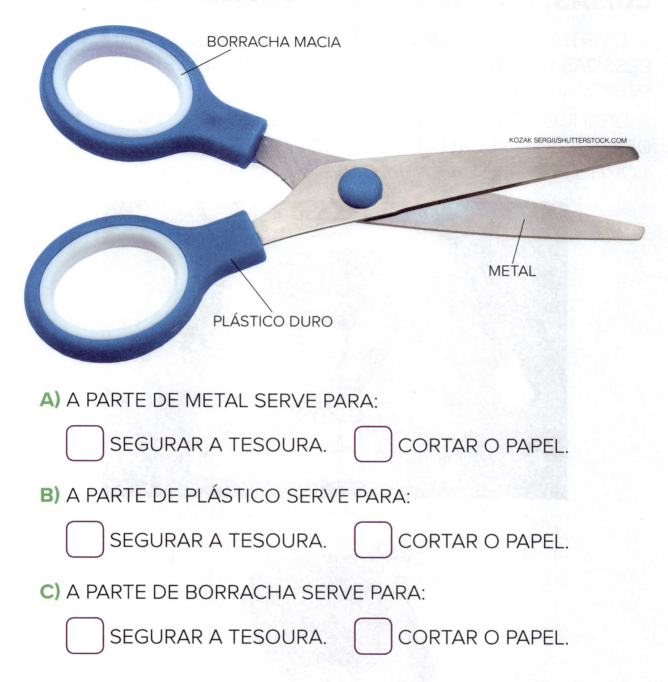

A) A PARTE DE METAL SERVE PARA:

☐ SEGURAR A TESOURA. ☐ CORTAR O PAPEL.

B) A PARTE DE PLÁSTICO SERVE PARA:

☐ SEGURAR A TESOURA. ☐ CORTAR O PAPEL.

C) A PARTE DE BORRACHA SERVE PARA:

☐ SEGURAR A TESOURA. ☐ CORTAR O PAPEL.

REFLITA E REGISTRE

1. O QUE ACONTECERIA SE A PARTE QUE CORTA O PAPEL FOSSE FEITA DE PLÁSTICO?

2. POR QUE O CABO DA TESOURA FOI FEITO COM DOIS TIPOS DE MATERIAL?

COISAS, COISAS E MAIS COISAS

O ARTISTA BRASILEIRO VIK MUNIZ CONHECEU DIVERSAS PESSOAS QUE TRABALHAVAM SEPARANDO MATERIAIS RECICLÁVEIS EM UM ATERRO DE LIXO.

USANDO OS MATERIAIS RECICLÁVEIS, ELE CRIOU IMAGENS DESSAS PESSOAS NO CHÃO E, DEPOIS, FOTOGRAFOU. CONHEÇA A OBRA *A CARREGADORA*, QUE ELE FEZ EM 2008.

A IMAGEM FOI MONTADA NO CHÃO DE UM GALPÃO...

...E FOTOGRAFADA.

VAMOS AGIR

QUE TAL FAZER O MESMO QUE VIK MUNIZ?

1. COM O PROFESSOR, RECOLHAM NA ESCOLA MATERIAIS QUE SERIAM DESCARTADOS OU TRAGA-OS DE CASA. É IMPORTANTE QUE ESSES MATERIAIS ESTEJAM LIMPOS!

EM GRUPO

2. FORREM PARTE DO CHÃO DA SALA DE AULA COM PAPEL PARDO.
3. DECIDAM O QUE VOCÊS VÃO FAZER. DESENHEM NO PAPEL PARDO E, DEPOIS, ESCOLHAM OS MATERIAIS PARA MONTAR CADA PARTE DO DESENHO.
4. PEÇAM AO PROFESSOR PARA TIRAR UMA FOTOGRAFIA DO ALTO. IMPRIMAM E COLEM A FOTOGRAFIA NO ESPAÇO A SEGUIR.

OS OBJETOS DA SALA DE AULA

QUE OBJETOS VOCÊ UTILIZA PARA ESCREVER NO PAPEL? LÁPIS, CANETINHA E CANETA?

NA CANETINHA E NA CANETA, HÁ UM CANUDINHO DE PLÁSTICO COM TINTA PARA QUE VOCÊ POSSA ESCREVER. NO CASO DA CANETA, HÁ UMA BOLINHA NA PONTA DO CABO QUE GIRA E VAI ESPALHANDO A TINTA PELO PAPEL. POR ISSO ESSA CANETA SE CHAMA ESFEROGRÁFICA: ESCREVER COM UMA ESFERA!

MAS AS CANETAS NEM SEMPRE FORAM ASSIM. VEJA NA FOTOGRAFIA.

ESSA CANETA NÃO TINHA TINTA: ERA PRECISO MOLHAR A PONTA DELA NO TINTEIRO PARA ESCREVER. ÀS VEZES, ELA FICAVA COM MUITA TINTA; POR ISSO, HAVIA ESSE OUTRO OBJETO, CHAMADO MATA-BORRÃO. ELE TEM UM PAPEL EMBAIXO, QUE ABSORVE A TINTA.

GOSTOU DESSA FORMA DE ESCREVER? QUE TAL CRIAR UMA "CANETA" QUE TAMBÉM SEJA MERGULHADA NA TINTA?

MATERIAL:
- UM LÁPIS (SEM BORRACHA NA PONTA);
- UM PALITO DE DENTE;
- FITA-CREPE;
- TINTA NANQUIM;
- UMA TAMPINHA DE GARRAFA PET.

COMO FAZER

1. PRENDA O PALITO DE DENTE NO CABO DO LÁPIS USANDO A FITA-CREPE. ELE TEM DE FICAR BEM FIRME PARA FUNCIONAR.

2. COLOQUE UM POUQUINHO DE TINTA NANQUIM NA TAMPINHA DA GARRAFA.

> PROTEJA A CARTEIRA COM UMA FOLHA DE PAPEL E MANTENHA O NANQUIM E A TAMPINHA EM CIMA DA FOLHA.

3. MOLHE O PALITO NA TINTA E DESLIZE A PONTA DO PALITO NO PAPEL.

FONTE: *CANETA BICO DE PENA CASEIRA - COMO FAZER?* LUCIANA QUEIRÓZ, 2015, 4MIN39. DISPONÍVEL EM: https://youtu.be/kvz_t4SAqnI. ACESSO EM: 26 MAIO 2019.

4. TESTE A CANETA EM UM PAPEL USADO. DEPOIS, COM ELA, FAÇA UM DESENHO NO ESPAÇO ABAIXO.

COMO SERÁ NO FUTURO?

COM O PASSAR DO TEMPO, OS OBJETOS SÃO MODIFICADOS.

HÁ SEMPRE ALGUÉM QUE INVENTA ALGO NOVO OU USA UM MATERIAL DIFERENTE PARA CONSTRUIR UM OBJETO QUE JÁ EXISTE.

HÁ MAIS DE 120 ANOS, ALGUNS ARTISTAS FRANCESES TENTARAM IMAGINAR INVENÇÕES QUE SURGIRIAM 100 ANOS DEPOIS. ELES FIZERAM VÁRIOS DESENHOS DE COMO SERIA A VIDA NO ANO 2000. CONHEÇA DOIS DESSES DESENHOS.

BOMBEIRO VOADOR.

CASA ROLANTE.

VAMOS APROFUNDAR

1. QUE OBJETOS OS ARTISTAS IMAGINARAM QUE EXISTIRIAM NO ANO 2000? ELES ACERTARAM?
2. DESENHE A SEGUIR OBJETOS QUE EXISTEM HOJE E SE APROXIMAM DO QUE ESSES ARTISTAS IMAGINARAM.

ORIENTAÇÕES GERAIS

NOSSA PROPOSTA É QUE VOCÊ INVENTE UM OBJETO PARA SER USADO EM UMA SALA DE AULA DAQUI A 100 ANOS E, COM OS COLEGAS, FAÇAM UMA MAQUETE DE COMO VOCÊS IMAGINAM QUE SERÁ ESSA SALA DE AULA!

PERCURSO 1

PLANEJAMENTO DOS OBJETOS

META
IMAGINAR OS OBJETOS DO FUTURO E DESENHÁ-LOS.

1. DESENHE UM OBJETO QUE AINDA NÃO EXISTE, MAS QUE VOCÊ GOSTARIA DE TER PARA AJUDAR NAS AULAS.

2. MOSTREM OS DESENHOS AOS COLEGAS E EXPLIQUEM O FUNCIONAMENTO DOS OBJETOS QUE VOCÊS INVENTARAM. HÁ OBJETOS QUE PODERIAM SER USADOS JUNTOS?

PERCURSO 2

A CONFECÇÃO DOS OBJETOS

A MAQUETE DA SALA

META
FAZER UMA MAQUETE DOS OBJETOS DESENHADOS.

EM GRUPO
MATERIAL:

- CARTOLINA;
- RÉGUA;
- TESOURA SEM PONTA.

COMO FAZER

1. DOBREM A PONTA DA CARTOLINA (COMO NA IMAGEM AO LADO) E FAÇAM UMA MARCA. DEPOIS, RECORTEM ESSE PEDAÇO DA CARTOLINA. VOCÊS TERÃO UMA CARTOLINA QUADRADA!
2. DOBREM A CARTOLINA AO MEIO NOS DOIS SENTIDOS. MARQUEM A DOBRA.
3. CORTEM A LINHA INDICADA NA IMAGEM.

> [APENAS ATÉ A METADE DA CARTOLINA!]

4. ENCAIXEM AS DUAS PARTES SOLTAS DO QUADRADO UMA SOBRE A OUTRA E COLEM-NAS.

PRONTO! AGORA VOCÊS TÊM A BASE DA MAQUETE. OS OBJETOS SERÃO COLOCADOS AÍ DENTRO PARA MOSTRAR COMO VOCÊS IMAGINAM QUE SERÁ A SALA DE AULA DO FUTURO!

OS OBJETOS

INDIVIDUALMENTE

1. TRAGA PARA A SALA DE AULA MATERIAIS LIMPOS QUE SERIAM DESCARTADOS EM CASA E JUNTE AOS QUE VOCÊ ENCONTRAR NA ESCOLA.
2. RETOME SEU DESENHO E ENCONTRE OS MATERIAIS NECESSÁRIOS PARA MONTÁ-LO. LEMBRE-SE DE QUE ELE PRECISA CABER NA MAQUETE!

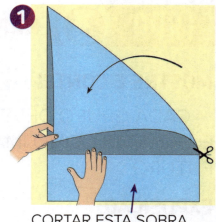

CORTAR ESTA SOBRA.

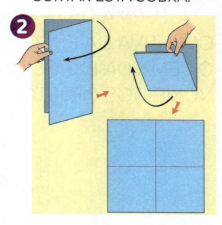

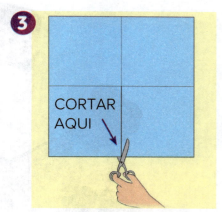

CORTAR AQUI

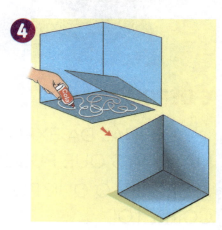

35

MOSTRE E CONTE!

CADA GRUPO DEVE MOSTRAR SUA MAQUETE AOS COLEGAS E EXPLICAR COMO IMAGINAM QUE SERÁ A SALA DE AULA DO FUTURO.

EXPOSIÇÃO

A TURMA DEVE EXPOR TODAS AS CRIAÇÕES EM UMA ÁREA COLETIVA DA ESCOLA. ELABOREM CARTAZES EXPLICANDO O TEMA DA EXPOSIÇÃO E FAÇAM PEQUENAS PLACAS COM O NOME DOS OBJETOS INVENTADOS EM CADA MAQUETE.

E DEPOIS?

AO FINAL DA EXPOSIÇÃO, DESMONTE TUDO E GUARDE OS MATERIAIS QUE PUDEREM SER REUTILIZADOS.

SEPARE O QUE PODE SER RECICLADO E DESCARTE NO LOCAL CORRETO!

 **BALANÇO FINAL**

NESTE PROJETO, VOCÊ PENSOU EM UM OBJETO QUE AINDA NÃO EXISTE E QUE PODE FAZER PARTE DAS SALAS DE AULA DO FUTURO.

AGORA, TENTE IMAGINAR O QUE NÃO VAI SE MODIFICAR NA SALA DE AULA DAQUI A 100 ANOS. DESENHE O QUE VOCÊ PENSOU NO ESPAÇO AO LADO.

 **AUTOAVALIAÇÃO**

PREENCHA O QUADRO A SEGUIR COM O QUE VOCÊ APRENDEU NESTE PROJETO. DEPOIS, COMPARTILHE SUAS IMPRESSÕES COM OS COLEGAS E O PROFESSOR: O QUE FOI FÁCIL E O QUE REPRESENTOU UM GRANDE DESAFIO PARA VOCÊ?

EU APRENDI A...	😊	😐	😣
...ORGANIZAR OBJETOS POR TAMANHO E PESO.			
...USAR MATERIAIS QUE SERIAM DESCARTADOS PARA FAZER NOVOS OBJETOS.			
...CONSTRUIR UMA CANETA COMO AS USADAS NO PASSADO.			
...REFLETIR SOBRE O FUTURO DA SALA DE AULA.			

PROJETO

O tempo passa

"Nossa, como estou atrasado!"

"Perdi o horário da aula…"

"Já é verão novamente!"

"Como o tempo passa rápido!"

Você já ouviu alguma dessas frases? Elas são exemplos da preocupação das pessoas com a passagem do tempo.

Há muito tempo, a humanidade aprendeu a registrar a passagem do tempo observando a natureza. Desde então foram criadas diversas formas de medir o tempo.

Aprender a medir o tempo é fundamental em nossa vida, pois muitas coisas acontecem com horário marcado. Perder uma viagem de férias por não ter prestado atenção no horário não seria legal, não é?

 DE OLHO NO TEMA

Neste projeto você vai observar diversos ritmos da natureza, como a sucessão de dias e noites e as estações do ano, e identificar a influência desses eventos na sua vida.

Além disso, você vai refletir sobre as razões que levam as pessoas a precisar saber as horas, que dia da semana é hoje e também em qual estação do ano estamos: Será que é apenas para chegar na hora certa aos compromissos?

Esse é um medidor de tempo. Você consegue perceber como medimos a passagem do tempo nele?

38

DIRETO AO PONTO

Como medir o tempo?

QUAL É O PLANO?

Construir um painel medidor de tempo, com relógio, indicador das condições do tempo e calendário.

Etapa 1 – Explorando o assunto
- O que muda ao longo do ano
- Um dia após o outro

Etapa 2 – Fazendo acontecer

Percurso 1: Produção das partes do painel

Percurso 2: Montagem do painel

Etapa 3 – Respeitável público

Propomos que você e os colegas exponham o painel em um local de grande circulação na escola.

O que muda ao longo do ano

No lugar em que você vive chove durante todo o ano ou há um período em que chove muito e outro em que chove menos? E quanto ao calor? Sempre é quente ou há um período do ano em que faz frio? As flores aparecem durante todo o ano? Quando observamos a natureza atentamente, podemos perceber que há eventos que se repetem todo ano.

O povo indígena suyá, que vive no Mato Grosso, marca o tempo de acordo com os eventos da natureza. Eles criaram o calendário da terra, que indica os eventos mais significativos em cada mês do ano.

CALENDÁRIO INDÍGENA

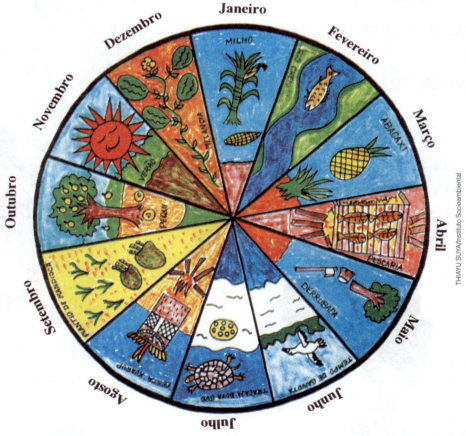

A colheita de milho marca o mês de janeiro; já o mês de julho é a época em que as tartarugas botam ovos.

40

VAMOS APROFUNDAR

1. Nas tirinhas a seguir, os personagens também percebem mudanças no tempo pela observação da natureza.

a) Como está o tempo em cada tirinha?

b) Você percebe algum período do ano em que faz muito calor? E as chuvas, elas acontecem o ano inteiro no lugar onde você vive?

c) Na cidade onde você vive, há um período em que chove o tempo todo? Isso modifica algo na paisagem?

41

Observando a paisagem para marcar o tempo

No Pantanal há dois eventos que marcam o tempo ao longo do ano: a cheia e a seca dos rios.

Pantanal no período de cheia, de outubro a março.

Pantanal no período de seca, entre abril e setembro.

REFLITA E REGISTRE

1. Onde você vive também há eventos que marcam o ano? Desenhe nos espaços a seguir como é a paisagem em cada evento e escreva o nome do mês em que ele ocorre.

Um dia após o outro

O que você costuma fazer ao acordar? Você faz essas mesmas atividades no período da tarde?

O dia pode ser dividido em três períodos: manhã, tarde e noite. As pessoas têm uma rotina de atividades em cada um desses períodos, por exemplo: pela manhã, acordam e vão à escola; à tarde, brincam; à noite, dormem.

1. Desenhe nos espaços a seguir o que você faz:

   - pela manhã;
   - à tarde;
   - à noite.

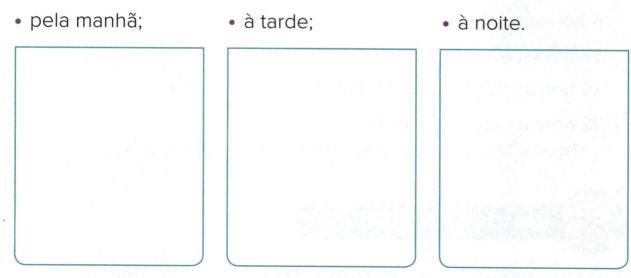

2. Apresente seus desenhos aos colegas explicando por que você escolheu essas atividades.

Dia e noite

Você costuma observar o céu à noite? É diferente do céu quando o Sol está no horizonte? Quais são as diferenças?

Os dias e as noites também podem servir para medir o tempo. Todo dia, o Sol desponta lá no horizonte, não é? Em algum momento do dia, ele também desaparece no horizonte!

A observação desses acontecimentos foi fundamental para se inventar um instrumento de marcar o tempo: o relógio! Esse objeto nos indica que horas são e, assim, sabemos quanto tempo se passou e quanto falta para alguma atividade.

Há também outras formas de fazer isso. Conheça a seguir alguns nomes que muitas pessoas usam no campo para indicar as horas.

4 horas: madrugadinha ou amiudar do galo.

6 horas: sol de fora.

12 horas: pino do sol.

19 horas: noitinha, aos cafuis ou hora da raposa.

22 horas: hora de visagem.

Tempo & Espaço. *Ciência Hoje na Escola*, Instituto Ciência Hoje, n. 7, p. 33, 2003.

VAMOS APROFUNDAR

1. Converse com seus familiares e descubra se eles têm formas próprias de expressar as horas do dia. Depois, comente com os colegas.

Orientações gerais

Observando a passagem do tempo nos eventos da natureza, os seres humanos começaram a inventar objetos para marcar o tempo. Dois desses objetos são conhecidos por vocês: o relógio e o calendário.

Nós usamos relógio o tempo todo, não é? Ele indica as horas e os minutos do dia. Alguns também indicam os segundos! Em que momentos do dia você usa o relógio?

O calendário também é fundamental para sabermos em que dia estamos. Quando encontramos o dia em que estamos em um calendário, várias informações são descobertas: o dia da semana, o mês do ano e também o ano!

Vamos construir um painel marcador do tempo para sua sala de aula? Ele pode ter um relógio de ponteiro, um calendário e até mesmo um indicador das condições do tempo atmosférico (se está quente, frio, se chove etc.).

PERCURSO 1

PRODUÇÃO DAS PARTES DO PAINEL

> **Meta**
> Construir o relógio, o indicador das condições do tempo e o calendário permanente.

Nossa sugestão é que vocês se organizem em três grupos para que cada grupo monte uma parte do painel.

Material:

- cartolina;
- colchetes (ou "bailarinas") pequenos;
- papel colorido;
- papel *kraft*;
- cola;
- fita adesiva;
- tesoura.

Grupo 1 – Relógio

Enquanto alguns de vocês montam o relógio, outro grupo pode fazer a base do painel.

Relógio

1. Desenhe um círculo grande na cartolina usando o molde da página 77 como modelo. Depois faça as setas pequena e grande para serem os ponteiros do relógio.

2. Pintem o ponteiro da hora de uma cor diferente daquela do ponteiro de minutos.

3. Com um lápis, furem o centro do círculo e a base de cada ponteiro. Não se esqueçam de colocar uma borracha embaixo para não riscar a carteira!

4. Coloquem os ponteiros sobre o círculo, deixando o ponteiro das horas por cima. Alinhem os buraquinhos deles e insiram um colchete ("bailarina"). Não abram as "perninhas" do colchete ainda.

Painel

1. Recortem uma cartolina do tamanho deste livro e escrevam no alto a palavra RELÓGIO.

2. Com um lápis, façam um furo no meio da cartolina para encaixar o colchete do relógio.

Agora, todo o grupo trabalha junto!

1. Colem o círculo do relógio no painel. Atenção: o centro do relógio deve estar no centro do painel.

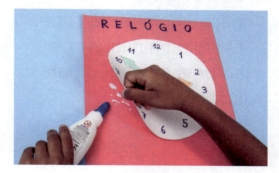

2. Coloquem os ponteiros e insiram o colchete para prendê-los no painel. Abram as "perninhas" do colchete de forma que os ponteiros fiquem bem grudados no círculo do relógio.

3. Mexam os ponteiros com cuidado, dando uma volta completa, para garantir que eles giram facilmente. Cuidado para não forçar e rasgar o papel.

Conversem com o professor sobre a marcação dos números no relógio: Como vocês querem indicar as horas nele? E os minutos? Se necessário, pesquisem mais informações antes de propor uma boa solução para seu relógio.

Grupo 2 – Indicador das condições do tempo

1. Recortem a capa e o círculo do indicador nas páginas 71 e 73 do livro. Colem-nos numa cartolina e recortem a borda.

2. Desenhem, em cada espaço, como é um dia "quente", "frio", "nublado" e "chuvoso". Atenção para a posição do texto.

3. Escrevam o nome do painel no alto da capa. O título na imagem é só uma sugestão para inspirar vocês.

4. Furem os centros da capa e do círculo usando um lápis e, com o colchete, juntem a capa (por cima) e o círculo (embaixo). Girem lentamente o círculo para verificar se ele está bem encaixado: a cada rodada, o desenho precisa aparecer na janela lateral da capa.

Grupo 3 – Calendário

1. Recortem as páginas 75 e 77 do livro e colem sobre uma cartolina. Depois, recortem os círculos e a capa do calendário, retirando os retângulos pequenos (eles são janelas que deixam ver as informações dos círculos), e, com um lápis, façam furos nas bolinhas indicadas.

2. Com os colchetes, prendam os círculos na capa. Observem atentamente o local de cada círculo: se informa o mês, fica no alto; se informa o dia da semana, na parte de baixo. Para os dias do mês, há dois círculos, então é preciso prestar bastante atenção: o círculo que tem apenas os números 1, 2 e 3 fica à esquerda.

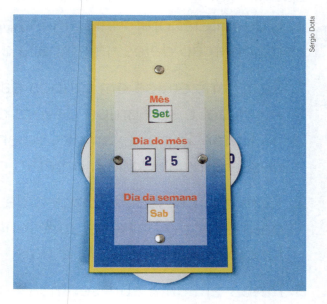

3. Girem os círculos bem devagar para verificar se todos os círculos estão funcionando.

4. Ponham o título no alto da cartolina: CALENDÁRIO.

PERCURSO 2
MONTAGEM DO PAINEL

Meta
Reunir os elementos do painel.

Vocês podem prender os elementos diretamente na parede com fita adesiva ou, se preferirem, podem prender o papel *kraft* na parede antes e, depois, colar os elementos sobre ele.

É preciso muito cuidado na hora de prender os elementos, pois os círculos precisam continuar girando. Por isso, é aconselhável usar a fita adesiva, não a cola.

Está pronto o painel do tempo! Agora, escolham um local para expô-lo na sala de aula e descubram a hora atual e a data de hoje para acertá-lo.

ETAPA 3 — RESPEITÁVEL PÚBLICO

O painel que vocês fabricaram ficou bem legal na sala de aula, não é?

Mas seria muito interessante se também houvesse, durante alguns dias, um painel como esse no corredor da escola para que outros alunos também pudessem marcar as informações do dia.

Que tal elaborar mais alguns painéis e organizar uma apresentação deles na entrada das aulas?

1. Reorganizem-se em grupos para a montagem dos novos painéis. Atenção: o seu grupo deverá criar algo diferente do que foi feito na **Etapa 2** (por exemplo, se antes vocês montaram o relógio, nessa nova rodada montarão o calendário).

2. Com o professor, a turma toda deve escolher um ou mais locais para expor o painel e apresentá-lo aos professores, alunos, funcionários da escola e pais.

3. Preparem uma apresentação do painel. Cada grupo responsável pela montagem pode apresentar o que está sendo mostrado e como funciona o registro.

4. Ao final, convidem os colegas para mexer no painel e esclarecer as dúvidas.

O que as imagens têm em comum? Como é possível medir a passagem do tempo?

Organizem uma roda de conversa para que cada um de vocês possa contar aos colegas o que aprendeu neste projeto.

Preencha o quadro a seguir revendo o que você aprendeu neste projeto. Depois, compartilhe com os colegas e o professor suas impressões: O que foi fácil e o que representou um grande desafio para você?

Eu aprendi a...	😊	😐	😣
...diferenciar os períodos do dia.			
...indicar o período do dia em que realizo as atividades.			
...explicar o que é um relógio e um calendário.			
...indicar a passagem do tempo na natureza, como a sucessão de dias e noites.			
...fazer um painel para marcar a passagem do tempo.			

PROJETO

O corpo em movimento

Movimente sua cabeça para cima, para baixo, para a direita e para a esquerda. Foi fácil?

Um a um, posicionem-se à frente dos colegas e peçam que eles repitam o movimento. E então, todos fizeram o mesmo movimento?

É possível perceber os diferentes sentimentos dos colegas quando eles fazem esse movimento? Alguém ficou muito contente em mexer a cabeça? Alguém ficou com vergonha? Entediado? Alguém se cansou e se mexeu bem pouquinho?

Quando movimentamos nosso corpo nós expressamos muitos sentimentos e emoções!

DE OLHO NO TEMA

Neste projeto você vai explorar as possibilidades de mover seu corpo e compreender os significados dos gestos.

Em que situações você fica de braços cruzados? Será que esse gesto tem um significado? As pessoas percebem que você se sente de determinada maneira quando você cruza os braços?

Essas três pessoas estão de braços cruzados. Mas elas estão sentindo a mesma coisa?

DIRETO AO PONTO

O que eu expresso quando me movimento?

QUAL É O PLANO?

Criar uma coreografia que reúna gestos e movimentos do corpo.

Etapa 1 – Explorando o assunto
- Onde estou? Para onde vou?
- Dança

Etapa 2 – Fazendo acontecer

Percurso 1: Experimentando passos de dança

Percurso 2: Criação de uma coreografia

Etapa 3 – Respeitável público

Vocês vão apresentar uma coreografia com o cenário e os figurinos que criaram!

Onde estou? Para onde vou?

Nós movimentamos nosso corpo pelo espaço, não é? Onde você está agora?

Para chegar à lousa o que você precisa fazer?

Faça um teste: experimente guiar um colega do local onde ele está até a lousa usando apenas palavras, sem apontar com o dedo ou levá-lo pela mão!

Observe os personagens destas tirinhas. Eles estão tentando indicar a localização de algo, mas as coisas se complicaram para eles.

Essas indicações de localização têm algum sentido para você?

VAMOS AGIR

1. E quando saber para onde ir é uma questão de vida ou morte?

O personagem dos quadrinhos abaixo está atrás de um diamante. Se ele escolher mal o caminho, pode ir parar na sala do dragão ou cair no fundo do fosso! Você consegue descobrir o caminho que leva o personagem até a saída?

REFLITA E REGISTRE

1. Você consegue descrever o caminho do personagem até a saída (vivo!) usando apenas palavras?

VAMOS AGIR

Vamos montar um diorama? Ele vai mostrar uma rua com pedestres e veículos.

Montagem do diorama

Material:

- uma caixa (com mais de 20 centímetros de lado);
- papel colorido (ou tinta);
- papel-cartão (ou cartolina);
- um pedaço de EVA (também pode ser papelão forrado com papel colorido);
- tesoura sem ponta;
- cola.

Como fazer

1. A caixa representa o ambiente da rua. Com o papel colorido ou a tinta, faça o chão, os prédios, o céu e outros elementos típicos da rua.

2. Recorte um retângulo de EVA ou papelão para deixar a calçada um pouco mais elevada do que a rua. Cubra-o com papel colorido e faça desenhos imitando as calçadas no lugar onde você mora.

3. Recorte a página 79 do livro e cole-a sobre um papel mais duro, como papel-cartão. Depois, recorte cada um dos elementos e pinte-os.

4. Coloque os elementos no diorama. Alguns vão ser colados; outros ficam de pé e podem ser mudados de lugar.

REFLITA E REGISTRE

1. Mostre seu diorama para os colegas e explique a posição de cada elemento. Compare-o com os dos colegas: Todos colocaram os elementos na mesma posição?

Jogando com o diorama

Em dupla

1. Tirem **par ou ímpar** para saber quem começa.

2. Quem ganhar a disputa deve pensar em um trajeto para o patinador: o colega vai escutar a indicação do caminho feito pelo patinador em seu diorama e precisará fazer o boneco seguir esse trajeto exatamente como foi falado. Se conseguir, ganha um ponto.

3. Na rodada seguinte, vocês trocam de papel: o outro jogador vai indicar o trajeto feito por uma das crianças para pegar a bola que foi lançada no diorama do colega. Você precisa fazer o boneco da criança seguir esse trajeto. Se conseguir, ganha um ponto.

4. As rodadas seguintes são uma repetição: vocês trocam os papéis e indicam o caminho de uma das crianças e do patinador no diorama do colega.

5. Vence quem acumular mais pontos.

Dança

Os artistas também se movimentam para lá e para cá quando dançam!

Você alguma vez já dançou? Como movimentou o corpo? Todas as partes do corpo se mexeram? É possível dançar sem sair do lugar?

A dança é natural para o ser humano: é comum os bebês dançarem antes mesmo de aprenderem a falar. Algumas pessoas escolhem se dedicar diariamente ao estudo da dança: são dançarinos e dançarinas.

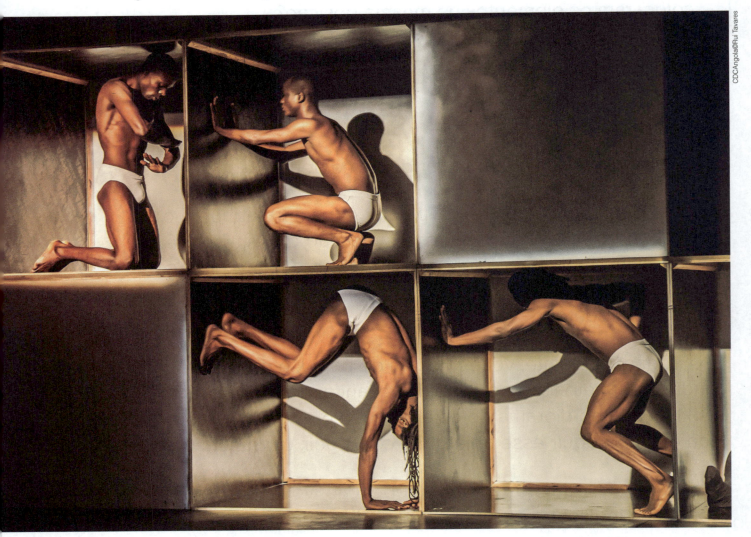

Os dançarinos da Companhia de Dança Contemporânea de Angola dançam dentro de caixas em um espetáculo. Eles não saem do lugar, mas os movimentos do corpo deles expressam diversas emoções!

 **VAMOS AGIR**

O professor vai tocar uma música e vocês vão imaginar um cenário e um figurino para uma apresentação de dança com ela. Registrem no espaço abaixo o cenário e o figurino que vocês imaginaram.

REFLITA E REGISTRE

1. A roupa que os dançarinos usam em apresentações são chamadas de figurino. Como é o figurino desses dançarinos?
2. O lugar onde a apresentação de dança acontece é chamado cenário. Como é o cenário da apresentação desse espetáculo?

Orientações gerais

A prática da dança é fundamental para a consciência corporal. Quanto mais você praticar, mais fácil será aprender novos movimentos.

Que tal montar uma coreografia de dança com os colegas?

PERCURSO 1

EXPERIMENTANDO PASSOS DE DANÇA

Vamos experimentar dois passos de dança muito divertidos!

Meta

Conhecer conjuntos de movimentos que formam uma coreografia.

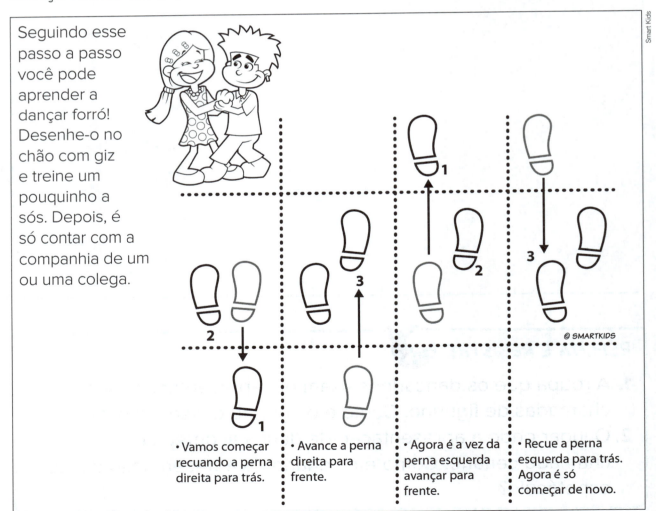

Seguindo esse passo a passo você pode aprender a dançar forró! Desenhe-o no chão com giz e treine um pouquinho a sós. Depois, é só contar com a companhia de um ou uma colega.

- Vamos começar recuando a perna direita para trás.
- Avance a perna direita para frente.
- Agora é a vez da perna esquerda avançar para frente.
- Recue a perna esquerda para trás. Agora é só começar de novo.

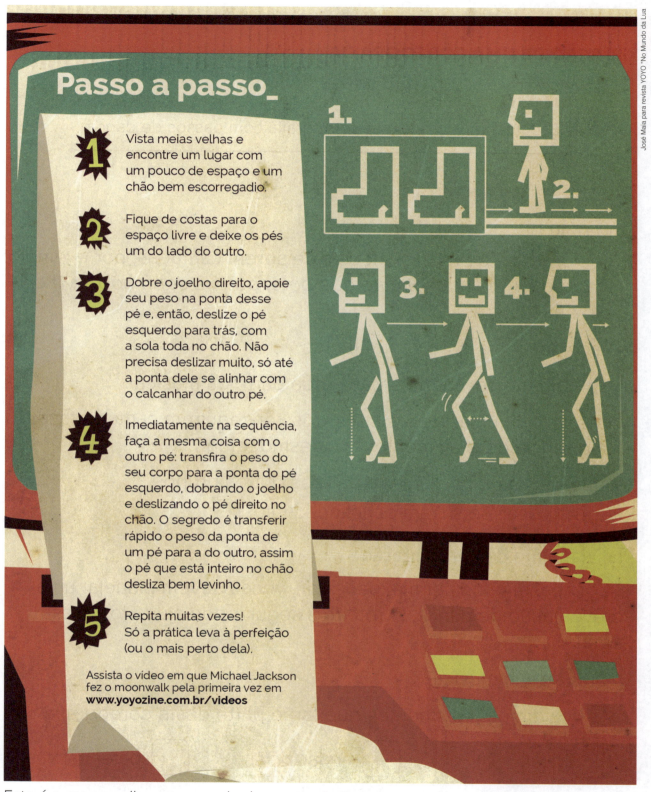

Este é o *moonwalk*, um passo de dança que imita uma pessoa andando na Lua. Que música é apropriada para testar esse passo?

Você também conhece algum passo de dança? Ensine esse passo aos colegas.

PERCURSO 2

CRIAÇÃO DE UMA COREOGRAFIA

Meta
Escolher músicas e criar coreografia com passos de dança.

Música e movimento

Em grupo

1. Lembrem-se de músicas fáceis de serem cantadas, por exemplo: *ciranda cirandinha*; *pirulito que bate, bate*; *o sapo não lava o pé*; entre outras.

2. Escolham uma para cantar juntos.

3. Combinem movimentos para cada parte da música.

4. Ensaiem algumas vezes até todos conseguirem cantar e fazer a sequência de movimentos ao mesmo tempo.

5. Apresentem a coreografia para os outros grupos.
   Como vocês se saíram dançando juntos?

Planejamento da apresentação

Com base na primeira experiência, vocês devem planejar uma apresentação de dança. O roteiro a seguir pode ajudá-los nessa tarefa.

1. Qual será a música?

2. Assinalem os movimentos que farão parte desta coreografia:

   ☐ girar   ☐ andar   ☐ bater palmas

   ☐ pular   ☐ virar   ☐ _____

   ☐ abaixar   ☐ bater os pés   ☐ _____

3. Haverá cenário? Qual?

4. Haverá figurino? Qual?

5. Onde será a apresentação?

Ensaios

1. Depois de planejarem como será a coreografia, vocês devem ensaiar. Repitam os movimentos da coreografia com bastante atenção.

2. Registrem os movimentos da coreografia para que cada um de vocês possa treinar também sozinho.

ETAPA 3 — RESPEITÁVEL PÚBLICO

Chegou o grande dia!

Vamos conferir se está tudo pronto para a apresentação?

- [ ] coreografia ensaiada
- [ ] local e aparelho de som para a apresentação
- [ ] gravação da música para tocar durante a apresentação
- [ ] convites, com dia, horário e local
- [ ] cenário (caso houver)
- [ ] figurino (caso houver)

[Tudo pronto? Agora é hora do grande espetáculo!]

 **BALANÇO FINAL**

Vamos brincar de **batata quente**?

Em roda, vocês irão passar um objeto de mão em mão enquanto alguém canta "Batata quente, quente... QUEIMOU!".

Quem estiver com o objeto na mão deve contar aos colegas uma das atividades que fez neste projeto. Não vale repetir a mesma descrição que outro já tenha feito.

 **AUTOAVALIAÇÃO**

No quadro a seguir você pode rever o que aprendeu ao longo da realização deste projeto.

Preencha-o e, depois, compartilhe com os colegas e o professor suas impressões: O que foi fácil e o que representou um grande desafio para você?

Eu aprendi a...	🙂	😐	😣
...reconhecer direções (direita, esquerda, frente, trás, acima, abaixo etc.).			
...contar com palavras um trajeto usando as referências espaciais do lugar.			
...identificar figurino e cenário de um espetáculo de dança.			
...movimentar meu corpo seguindo movimentos preestabelecidos.			

65

PARQUINHO DE BRINQUEDO (PÁGINA 11)

PARQUINHO DE BRINQUEDO (PÁGINA 11)

MODELO DE FICHA DE BRINCADEIRAS E JOGOS (PÁGINA 18)

Painel do tempo: o indicador das condições do tempo (página 48)

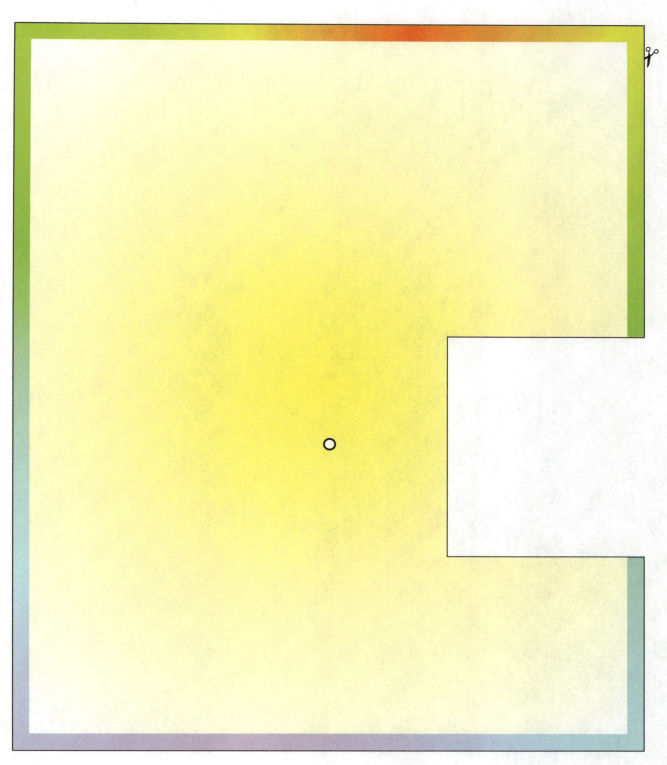

Painel do tempo: o indicador das condições do tempo (página 48)

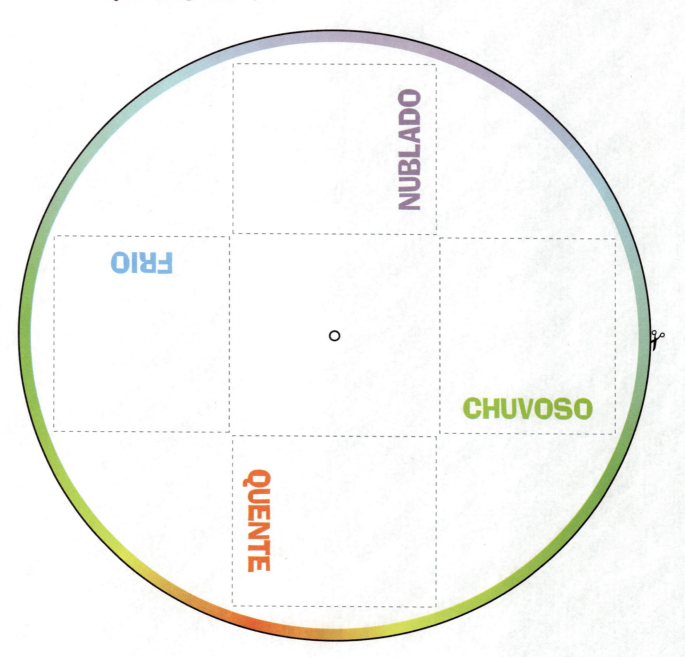

Painel do tempo: o calendário (página 49)

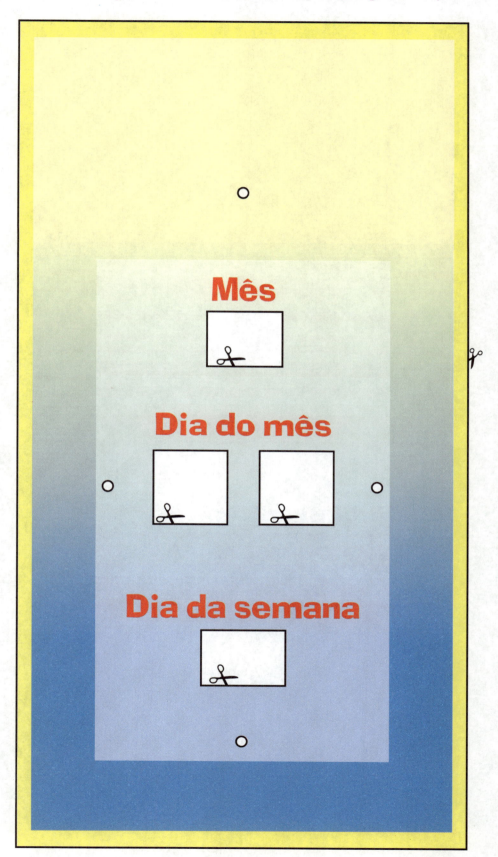

Painel do tempo: o calendário (página 49)

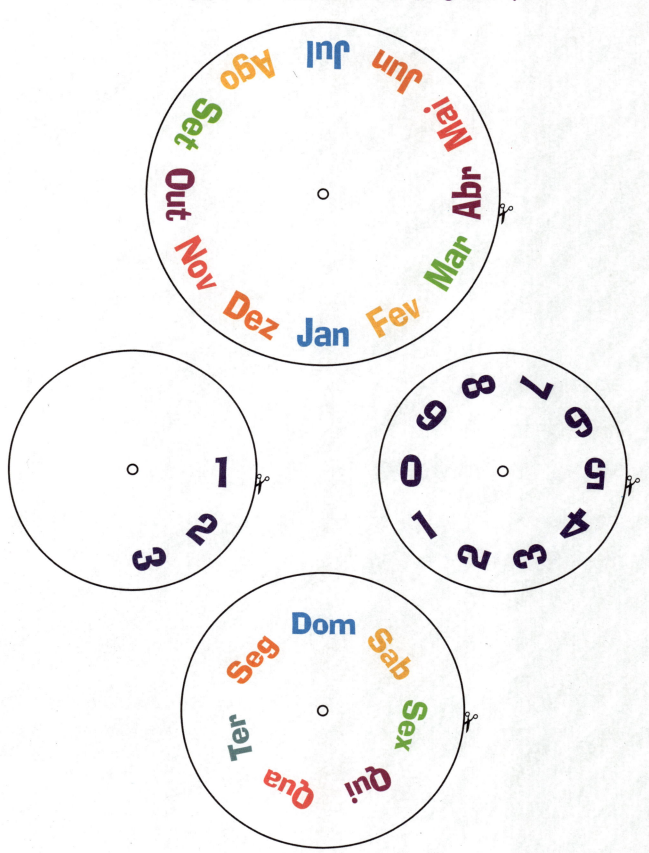

77